PIÈCES
RELATIVES
AU DROIT PUBLIC
DES NATIONS.

N° Ier.

PIÈCES RELATIVES

AU

DROIT PUBLIC

DES NATIONS.

PARIS,

ADRIEN ÉGRON, IMPRIMEUR-LIBRAIRE,
rue des Noyers, n° 37.

DELAUNAY, LIBRAIRE, PALAIS-ROYAL.

1815.

AVERTISSEMENT DU LIBRAIRE.

La brochure que nous publions se compose de cinq pièces, dont deux, l'Extrait de Kant et la Lettre de M. Mullot, ont été imprimées déjà dans le *Mercure Étranger* : les autres paraissent pour la première fois.

DU
DROIT DES GENS.
PAR KANT.

§ Ier.

Principes élémentaires.

Les sociétés politiques sont, de leur nature, indépendantes (1) l'une de l'autre, et elles tendent à se maintenir telles.

Dans l'état d'indépendance sauvage, rien ne règle leurs relations extérieures.

L'arbitraire et la force s'y exercent de plein droit.

Il en résulte un état de guerre perpétuelle,

(1) Toute société politique, soumise à la loi d'une autre, n'est qu'une puissance équivoque (*civitas hybrida*) comme l'Irlande avant l'acte de réunion, et la Confédération du Rhin sous le protectorat.

qui subsiste, quoique les hostilités ne soient pas absolument permanentes.

La lassitude amène la trève.

Mais la trève n'en serait pas une, sans un accord mutuel.

Cet accord, pour s'assurer un repos momentané, est le premier pas que font les sociétés politiques pour sortir de l'état sauvage.

Elles substituent, à un procédé brut, un procédé de méthode.

Le terme de la trève détermine le commencement des hostilités.

Cependant la permanence de la guerre expose les sociétés politiques à des hasards perpétuels de la part du plus fort.

Pour obvier à cet inconvénient, des unions se forment entre deux ou plusieurs puissances.

Le but de l'union est la défense contre les attaques extérieures.

Elle n'a aucun droit de s'immiscer dans les affaires intérieures de l'un ou de l'autre des alliés.

L'union ne connaît point d'autorité souveraine, comme la société civile.

C'est une simple confédération dissoluble, selon les intérêts du moment, et qui a besoin d'être renouvelée de temps en temps (*fœdus Amphictyonum*).

Elle ne saurait exercer qu'un droit de secours (*in subsidium*) pour empêcher qu'on ne retombe dans l'état de guerre.

A l'aide de ces unions, les relations extérieures de peuple à peuple cessent d'être exclusivement hostiles; elles habituent les sociétés politiques à des formes de conduite qui, subsistant indépendamment des traités, constituent ce qu'on peut appeler l'étiquette du droit des gens.

§ II.

Des Traités.

Pour traiter, il faut avoir la qualité requise, celle de puissance. L'étiquette exige qu'on soit reconnu pour telle.

Les traités embrassant plus ou moins de rapports, selon que les intérêts se multiplient et que la prévoyance se développe, ne doivent définitivement avoir en vue que la paix.

S'il en était autrement, ils tendraient à perpétuer la guerre.

Ce but serait absurde, puisqu'il tendrait à ramener l'état sauvage, qui ne connaît point de traités.

Pour le temps que dure le traité, il arrache au vague de l'arbitraire toute cette portion de droits que la convention embrasse.

La guerre qui lui succède n'est plus qu'un état de passage pour arriver à des relations pacifiques.

§ III.

Du Droit des gens au renouvellement de la guerre.

Tant qu'il n'y aura pas d'arbitre pour juger les différends de peuple à peuple dans les formes d'un procès entre particuliers, une société politique rentrera dans l'état de guerre chaque fois qu'elle se croira lésée.

N'ayant d'autre mode légitime pour obtenir justice que son propre pouvoir, elle l'emploiera de plein droit.

Il faut distinguer la première offense de la première hostilité, puisque la lésion effective peut être précédée par des menaces.

Les menaces consistent :

D'une part, dans les armemens (1) sur lesquels

---

(1) La conscription militaire, telle que nous l'avons vue établie en France, peut être considérée comme un armement continuel.

est fondé le droit de prévenir l'ennemi (*jus prœventionis*) ;

De l'autre, dans l'accroissement des forces, par lequel une puissance devient très-redoutable aux autres (*potentia tremenda*).

Cet accroissement, par le fait seul de son existence, et précédemment à tout acte d'hostilité, est de la part du plus fort une lésion des autres.

Dans l'état d'indépendance sauvage, cette lésion n'a rien d'illégitime; mais c'est de ce genre de lésion que provient d'une autre part le droit d'équilibre de toutes les puissances qui se touchent réciproquement.

Quant à la lésion effective, elle comprend les représailles (*retorsio*), c'est-à-dire la vengeance qu'on exerce de son propre chef, à cause d'une offense reçue, et sans avoir auparavant cherché la réparation par des voies pacifiques. Les représailles ressemblent dans ce cas à une guerre entreprise sans déclaration.

L'opinion exige comme un devoir le préalable de la déclaration.

Cette déclaration fait supposer que le mode d'action proposé par elle, a été accepté, et que les adversaires sont convenus de poursuivre leur droit par la voie des hostilités.

La guerre entreprise sans déclaration est regardée comme un acte d'assassinat (1).

§ IV.

Du Droit des gens pendant la guerre.

Le droit des gens, pendant la guerre, est la chose la plus délicate qu'il soit possible de concevoir. Comment prescrire des lois à un état d'indépendance qui n'en reconnoît point ? (*inter arma silent leges.*)

Un principe cependant paraît incontestable, c'est celui de faire la guerre d'après des maximes qui laissent la possibilité de revenir à la paix.

La guerre entre des puissances ne peut, à cause de leur indépendance réciproque, être une guerre de punition (*bellum punitivum*); car la punition ne peut avoir lieu que dans le rapport d'un supérieur (*imperantis*) à un sujet (*subditum*), et les puissances ne se trouvent pas dans cette relation.

La guerre ne saurait être non plus une guerre à mort (*bellum internecivum*), ni une guerre

(1) Telle était la dernière guerre que Bonaparte avait faite à l'empereur de Russie.

d'asservissement (*bellum subjugatorium*) qui est l'extermination morale d'un état dont le peuple est, ou fondu dans la masse du vainqueur, ou réduit à l'esclavage.

Cette dernière ressource pour arriver à la paix, n'est pas en contradiction avec le droit absolu du vainqueur; mais elle est contraire à la conception primitive du droit des gens.

Fondé sur l'idée d'une opposition exercée d'après le principe d'indépendance extérieure pour se maintenir dans la possession de ce qu'on tient, le droit des gens ne saurait admettre un mode d'acquisition qui, par l'accroissement de la puissance d'un état, deviendrait dangereux et menaçant pour tous les autres.

Tous les moyens de défense sont permis à l'état qui est en butte à des hostilités, à l'exception de ceux dont l'emploi effacerait dans ses sujets la qualité de citoyens, et les rendrait incapables d'être membres d'une société politique; car le résultat de ces mesures rendrait le prince, ou l'état lui-même, incapable de jouir, dans ses rapports extérieurs, des mêmes droits que les autres puissances.

Ainsi l'état ne doit pas employer ses sujets à lui servir d'empoisonneurs et d'assassins; il ne doit pas même les employer comme espions, comme chasseurs à prix (1), ni comme faussaires et faux monnoyeurs, ni comme colporteurs de fausses nouvelles.

Il faut qu'il évite tous les moyens perfides qui détruiraient la confiance nécessaire à l'établissement futur d'une paix solide.

La nécessité de vivre pendant la guerre permet à l'ennemi d'imposer des contributions et d'exiger des fournitures des pays qu'il occupe; il n'a pas le droit de piller les individus, parce que ce n'est pas aux sujets, mais à l'état qui leur commande qu'on fait la guerre.

§ V.

Du Droit des gens après la guerre, et au moment où l'on traite de la paix.

Le vainqueur fixe les conditions dont il faut convenir avec le vaincu, pour arriver à la paix.

Il les fixe, non pas en vertu de quelque prétexte de droit qui lui revient à cause de la prétendue lésion de la part de son adversaire; il les fixe en vertu de son pouvoir.

---

(1) On entend, par cette expression, des chasseurs de métier employés à la manière des Tyroliens.

C'est pourquoi le vainqueur ne doit pas prétendre à être indemnisé des frais de la guerre, parce qu'alors il déclarerait la guerre de son adversaire injuste; et, quoiqu'il puisse agir par ce motif, il ne lui est pas permis de le révéler, parce qu'alors il déclarerait sa guerre une guerre de punition, ce qui serait une nouvelle offense.

L'échange des prisonniers sans rançon et sans égard à leur nombre, fait partie du droit des gens après la guerre.

L'état vaincu, ou ses sujets, ne perdent pas, par la conquête de leur pays, leur existence ou liberté politique, de manière que l'état vaincu devienne une dépendance de l'autre et ses sujets des serfs, car ce serait une guerre de punition.

La servitude peut d'autant moins être le résultat de la guerre, que ce serait punir l'état sur ses sujets, qui n'ont été que ses instrumens, et n'ont fait qu'obéir.

Une servitude héréditaire est encore moins admissible, parce que c'est encore une chose absurde de prétendre que quelqu'un puisse hériter de la punition d'autrui.

§ VI.

Du Droit des gens durant la paix.

Le droit de la paix consiste dans le droit,

1°. De garder la paix, tandis que le voisinage est en guerre : c'est le droit de neutralité;

2°. De se faire donner une garantie de la durée de la paix;

3°. De former des associations mutuelles, pour se mettre à l'abri des attaques.

Le droit de paix ne donne pas celui de former une confédération pour attaquer et pour s'agrandir.

§ VII.

De l'Ennemi pervers.

Le droit des puissances contre l'ennemi pervers ne connaît point de bornes, non pas relativement à l'espèce, mais bien relativement à la force des moyens; c'est-à-dire, elles ont le droit d'employer contre lui tous les moyens permis, jusqu'au dernier degré.

Mais qu'est-ce qu'il faut entendre par l'ennemi pervers?

C'est un ennemi plus que barbare, qui ne se

contente pas de jouir de l'exercice du pouvoir que lui permet l'état d'indépendance sauvage où chaque puissance est son propre juge dans sa cause, mais dont la volonté, publiquement énoncée par des paroles ou des faits, trahit une maxime de conduite qui, si elle devenait loi générale, rendrait l'état de paix impossible, et servirait à perpétuer celui de la brutalité guerrière.

Telle est la lésion de tous les traités publics et de toutes les habitudes conventionnelles (1); lésion qui attaque tous les peuples, puisqu'elle menace la liberté et l'indépendance de tous; lésion qui les provoque tous à se rallier, pour lui ôter la puissance dont il abuse.

Mais les peuples alliés, pour mettre un terme à l'abus du pouvoir, n'ont pas le droit de se partager le pays de l'ennemi pervers, ni d'effacer, pour ainsi dire, un état de la terre; car ce serait une injustice contre le peuple, qui ne peut pas perdre son droit primitif de constituer une société politique.

On peut néanmoins forcer ce peuple d'adopter une nouvelle constitution, qui, de sa nature, soit contraire aux projets de l'ennemi pervers.

---

(1) La conduite de Bonaparte envers le pape, l'Espagne et l'électeur de Hesse.

§ VIII.

Des Progrès du Droit des gens.

L'état brut des peuples étant un état dont il faut essayer de sortir, parce qu'il ne remplit pas le vœu de la raison, qui nous sollicite d'arriver à une existence régulière, tout le droit des peuples, ainsi que toute possession acquise, ou maintenue par la guerre, n'est qu'un état provisoire, et ne peut devenir définitif que par une association générale de toutes les sociétés politiques, suivant l'analogie du contrat par lequel un assemblage de famille devient un état, ce qui amenerait une véritable paix.

Cependant, comme par l'extension géographique, un seul corps ne serait pas capable d'accorder à tous les membres de la confédération une protection égale et suffisante, et que plusieurs de ces réunions retombent nécessairement dans l'état de guerre, la paix perpétuelle, ce dernier but du droit des gens, devient une idée inexécutable.

Mais il est possible de suivre des maximes tendant à réaliser des unions politiques qui nous rapprochent continuellement de la paix perpétuelle.

Ces maximes sont exécutables; la raison les commande comme un devoir.

Ainsi le droit des gens est fondé sur celui de l'être raisonnable et sur le droit des sociétés politiques en général.

Une pareille union de différens états constituerait un congrès permanent, et il serait permis à tout voisin de s'y associer.

Relativement à l'étiquette du droit des gens, autant qu'elle peut contribuer à maintenir la paix, un semblable congrès a existé déjà pendant la première moitié du dix-huitième siècle. Les états-généraux, assemblés à La Haye, représentaient un congrès d'étiquette diplomatique. Les ministres des principales cours de l'Europe, aussi bien que ceux des républiques, y énonçaient leurs griefs contre les iniquités éprouvées de la part d'une autre puissance; ils regardaient l'Europe comme une confédération commune, que les puissances choisissaient pour arbitres de leurs différends.

Dans la suite, cette idée du droit des gens a disparu des cabinets, ou ne s'est reproduite qu'après l'exercice des hostilités, dans des déductions destinées à être ensevelies dans les archives.

On entend par congrès une réunion arbitraire de plusieurs états, dissoluble dans tous les temps.

L'union qui, semblable aux Etats-Unis d'Amérique, serait fondée sur une constitution, et par conséquent indissoluble, est tout-à-fait étrangère à notre idée.

Le congrès, tel que nous le proposons, est l'unique moyen de rendre réelle l'idée d'un droit public. Si elle était exécutée, les querelles politiques pourraient, jusqu'à un certain point, être jugées dans une forme civile; au lieu qu'aujourd'hui on en décide, à la manière des Barbares, par la force des armes.

§ IX.

Du Droit cosmopolitique.

L'idée d'une relation universelle et politique, quoiqu'elle ne soit pas encore amicale, de tous les peuples de la terre entre lesquels il peut y avoir de la réciprocité d'action, n'est pas seulement un principe de philantropie, mais un principe de droit.

La nature les a renfermés tous dans des limites déterminées par la forme sphérique de leur séjour (*globus terraqueus*); et comme la possession du sol sur lequel vivent les habitans d'un pays, n'est jamais que la possession d'une partie du grand ensemble déterminé sur lequel chacun exerce un droit primitif, tous les peuples se trouvent originairement dans une communauté de sol.

Cette communauté n'est pas celle de la possession légitime (*communio*), ni par conséquent celle de la disposition ou de la propriété du sol, mais celle du contact (*commercium*), en vertu de laquelle ils ont le droit de se mettre en relation, sans que la tentative de le faire puisse être regardée comme hostile (1).

---

(1) En Chine, et plus particulièrement encore au Japon, cette tentative est regardée et traitée comme un acte d'hostilité, et l'Europe a imité jusqu'à un certain point la farouche méfiance du gouvernement de ces contrées. La preuve en est dans l'usage des passe-ports, que nous devons à la révolution française, et que successivement l'Allemagne, l'Angleterre, etc., ont adopté. Auparavant un étranger entrait librement dans tous ces pays, la Russie excepté, et en sortait de même : on ne distribuait des passe-ports qu'aux gens sans aveu. Aujourd'hui tout le monde indistinctement a besoin d'un brevet en forme pour aller et venir. Cette honteuse entrave mise à la liberté des communications, ne présente à la société aucun avantage véritable, tandis qu'elle entraîne des dépenses inutiles et une perte de temps très-réelle ; mais il est probable que les passe-ports subsisteront même en temps de paix, puisque les gouvernemens en ont fait une branche de revenus.

Ce droit, autant qu'il aboutit à réunir tous les peuples autour de quelques principes généraux qui puissent servir de bases à leurs relations possibles, s'appelle le droit cosmopolitique (*jus cosmopoliticum*).

Les mers semblent mettre les peuples hors de toute communication; mais elles sont, par le moyen de la navigation, les voies les plus heureuses pour communiquer. Ainsi la liberté des mers est de droit cosmopolitique.

Il est vrai que les établissemens qu'entraîne la navigation deviennent la cause de beaucoup de violences. Cet abus ne détruit pas le droit de l'habitant du globe d'essayer de communiquer avec tous, et de visiter dans ce dessein toutes les contrées de la terre.

Le droit de communiquer avec un autre peuple n'amène pas celui de s'établir sur son sol. Pour cet effet, il faut une convention (*jus incolatûs*).

Mais on a le droit de faire des établissemens dans un pays nouvellement découvert, et dans le voisinage d'un peuple qui en a déjà pris possession, même d'en faire sans son consentement, à condition que l'établissement se fasse à une distance convenable, et n'attaque point l'usage d'autrui.

Lorsque l'établissement se fait dans un pays occupé par des peuples nomades-pasteurs, comme les Hottentots et les Tunguses, ou chasseurs, comme les indigènes du nord de l'Amérique, dont la subsistance dépend d'une grande étendue de sol, il faut un contrat fait de bonne foi.

Il n'est pas permis d'employer la force ou la ruse pour tirer profit de l'ignorance de ces peuples.

Les publicistes n'ont pas hésité de soutenir le contraire. La force et la ruse, employées dans une bonne intention, soit pour étendre la civilisation et pour améliorer le sort de l'espèce humaine en général, soit pour purger un pays de malfaiteurs et à dessein de corriger ceux-ci, ainsi que leur postérité, leur paraissaient permises.

C'est ainsi que jadis on justifiait les moyens sanguinaires employés pour propager la foi.

La bonne intention ne saurait jamais effacer la tache d'injustice.

Si l'on objecte que c'est la violence et la ruse qui ont fondé l'existence légale des peuples, et que, sans la violence et la ruse, le monde entier serait encore barbare, on répond que ceci ne renverse pas le principe de droit qui interdit de fonder la justice sur l'in ustice; car, s'il en était autrement, on renverserait également un principe de saine logique, qui dit qu'une chose ne peut pas être et n'être pas en même temps.

APERÇU DÉFINITIF.

Lorsqu'on ne peut pas prouver qu'un objet existe, on essayera de prouver que cet objet n'existe pas. Si l'un ni l'autre ne peut réussir, chose qui arrive souvent, on peut demander s'il importe d'admettre l'un ou l'autre, comme par hypothèse. Cette hypothèse sera ou spéculative, comme pour expliquer un phénomène quelconque, ou elle aura une direction pratique.

Dans ce dernier cas, elle aura en vue un résultat purement technique, ou un résultat moral. On appelle moral tout but quelconque qui se rapporte à une maxime de conduite que la raison nous prescrit comme un devoir.

Le devoir n'est pas dans la supposition que le but se réalisera. Cette supposition est un jugement spéculatif et en même temps problématique, et il n'y a pas de loi qui nous oblige de croire quelque chose.

Mais quoiqu'il n'y ait pas la moindre probabilité de théorie que le but qu'on se propose doive s'exécuter, il suffit que l'impossibilité ne puisse pas être démontrée, pour que l'action dirigée d'après l'idée de ce but, c'est-à-dire les moyens qui peuvent en approcher, soient de devoir.

C'est ainsi que la morale religieuse interdit jusqu'aux simples désirs.

La raison appliquée à la morale s'oppose, d'une manière absolue, à la guerre. Elle interdit ce mode de poursuivre son droit aux particuliers et aux états.

Ainsi, il n'est pas question de savoir si la paix perpétuelle est une réalité ou une chimère, ni si nous ne commettons pas d'erreur en admettant qu'elle puisse s'effectuer.

Il s'agit pour nous de nous conduire comme si ce qui peut-être ne s'effectuera jamais, devait avoir lieu.

En conséquence, nous devons chercher à parvenir à un ordre de choses qui puisse amener la paix perpétuelle, et mettre pour toujours un terme au fléau de la guerre.

La guerre est malheureusement encore le but principal vers lequel sont dirigées toutes les institutions intérieures des états.

Et si le changement qu'on se propose ne devait rester qu'un simple vœu, nous ne commettons certainement pas d'erreur en réglant notre conduite sur la maxime dont l'application générale pourrait conduire à la paix ; car si nous pouvions regarder comme une erreur la loi morale qui nous commande cette maxime, il vaudrait mieux renoncer à la raison, et nous abandonner par principe au simple mécanisme de la nature, à l'exemple des autres classes d'animaux.

QUELQUES OBSERVATIONS

CONCERNANT

LE DROIT DES GENS.

§ Ier.

Du Droit des gens en général.

La nécessité et le bon sens ont consacré des usages et des maximes propres à régler la conduite extérieure des peuples, à protéger leurs relations pacifiques, et à réduire leurs relations hostiles. On les appelle le droit des gens.

Ne répondant plus au développement de la raison des peuples, ni à l'étendue de leurs rapports politiques, il importe d'élever au niveau de cette double progression le nombre et la valeur des formes dont il se compose.

Malgré leur insuffisance actuelle, ces formes, et d'autres provenant d'une source commune d'enseignement, jointes à la multiplicité des besoins réciproques, mettent les peuples chrétiens des deux hémisphères dans un état de concordance au milieu d'une foule de disparates.

Il en résulte un vaste ensemble politique (1), irrégulier, mais susceptible d'une meilleure discipline; but vers lequel toutes les parties de la masse semblent diriger leurs efforts.

§ II.

Du Congrès.

Pour atteindre à ce but, le projet d'un congrès permanent, qui jugerait les différends politiques des peuples dans les formes d'une procédure civile, présente une mesure sous plusieurs points de vue très-efficace. Il ne faut cependant pas en dissimuler les côtés faibles.

C'est la crainte d'un danger commun, d'un danger extérieur, qui fait la force des unions. Il diminue autant que le nombre des alliés augmente, et l'on peut supposer un terme où ce danger serait absolument nul. Il en résulte que l'association des peuples, pour se soumettre à l'autorité d'un congrès permanent, perdra en intensité ce qu'elle gagnera en étendue, et qu'une

(1) *Respublica Sinarum.*

forte tendance à se dissoudre s'attache à cette mesure dès son origine.

L'union subsistant après le danger devient monarchie ou république universelle, qui, l'une et l'autre, entraînent à leur suite l'abâtardissement de l'espèce humaine ; car les vues les plus larges que le génie de l'homme puisse concevoir, en fait de législation, se trouvent étroites au bout de quelque temps. Si alors vous forcez l'espèce humaine à persévérer dans des formes qui ne lui conviennent plus, vous arrêtez son essor ; vous la faites dégénérer. Mais l'inquiétude morale que, dans toutes les directions, la nature a imprimée à l'homme, démontre bien qu'elle ne veut pas qu'il s'arrête : il obéit à cette impulsion en se sacrifiant, sans le vouloir, à l'empire d'un ordre supérieur dont l'intention lui est inconnue.

Beaucoup de circonstances, celles des séparations physiques, celles des caractères, celle surtout des langues, prouvent évidemment que la nature ne veut de monarchie ni de république universelles ; elle en est si éloignée, elle montre tant de prédilection pour le système opposé, que le même langage n'est souvent qu'un système fédératif de différens dialectes.

La diversité des langues, en multipliant les cadres des idées, empêche l'esprit humain de s'engager dans une route qui le conduirait à la servitude, car la servitude est dans l'uniformité, n'importe quels en soient les dehors.

Il est incontestable que le congrès permanent qu'on propose, nous offre des dehors séducteurs: on ne saurait disconvenir non plus que s'il parvenait à s'entourer d'une opinion telle que l'exécution de ses arrêts n'eût besoin d'aucun autre secours que de celui de quelques formalités, il ne procurât, aux états de l'union, le calme d'une confrérie religieuse. Mais l'histoire nous apprend que les bulles papales, quoique jadis d'une très-grande autorité, ne purent cependant pas toujours se passer de l'intervention du bras séculier. Il est à présumer que les bulles du congrès éprouveront le même sort. Aussitôt que de simples huissiers ne suffisent pas pour commander l'obéissance, il faut qu'une force armée soit mise à la disposition du congrès. Trop prépondérante sur celle des membres de la confédération, elle menace leur indépendance; si elle ne l'est pas assez, on retombe dans l'état de guerre par l'exécution ou la révolte.

§ III.

De la Guerre.

Le traité qui sert de loi aux relations pacifiques des peuples ne laisserait rien d'indéterminé; on reviendrait toujours à des discussions que la lassitude d'être enfermé dans les barrières d'un droit établi, et le besoin d'une spontanéité nouvelle, suffiraient pour provoquer. Le besoin de la spontanéité ne peut être satisfait que par la guerre, qui, à son tour, fait place à la nécessité de revenir à une existence régulière. Nous voyons les motifs pour l'un et l'autre mode d'existence se succéder et prévaloir alternativement, avec cette distinction, que l'idée de permanence s'associe naturellement à l'idée de la paix, tandis qu'elle reste incompatible avec l'idée de la guerre. Réfractaire au vœu d'un repos absolu, la vie politique des peuples passe continuellement de la guerre à la paix, et de la paix à la guerre; et ce n'est jamais par elle seule que celle-ci, principe des plus grands développemens sociaux, est contraire au bien des états. Elle le devient par une durée trop prolongée, par l'inégalité des forces aux prises les unes avec les autres, par la férocité dont elle se rend coupable, et par le mépris ou les lacunes du droit des gens.

§ IV.

Du Droit des gens outragé.

Dans les guerres qui ont agité l'Europe depuis la révolution française, le droit des gens a été outragé indistinctement par toutes les puissances. D'une guerre qui avait été déclarée une guerre de contre-révolution, les coalisés tentèrent de faire une guerre de conquête. La sûreté de ceux dans l'intérêt desquels ils prétextaient d'agir, et qui par conséquent étaient leurs alliés, ne fut point protégée. Sans user ni menacer de représailles, la coalition laissa ses alliés périr sur l'échafaud. En même temps qu'elle négligea de réprimer les infractions au droit des gens, elle en commit d'autres à son tour. Les coalisés exercèrent la presse sur terre et sur mer contre des étrangers qui n'avaient aucune obligation de monter leurs flottes, ou de servir dans leurs armées; ils s'arrogèrent une juridiction sur les opinions énoncées dans des pays dont la police n'était point de leur ressort; ils violèrent le droit des neutres et celui des ambassadeurs, et finirent par dépouiller une partie de leurs alliés, lorsque, par le recez de Ratisbonne, ilssécularisèrent les biens du clergé et supprimèrent la grande majorité des villes libres d'Allemagne. En dernier lieu, plusieurs des puissances de l'Europe n'ont pas hésité de contracter des engagemens et de faire cause commune avec celle d'entre elles qui avait pris pour règle de conduite de fouler aux pieds tout ce qui a jamais été regardé comme sacré de peuple à peuple. On nous dispense de rapporter les griefs qui s'élèvent contre la France, depuis que, sous l'autocratie de Napoléon, elle a prétendu que l'Europe avait besoin d'être protégée par elle.

§ V.

Des changemens arrivés au Droit des gens.

L'usage des levées en masse qui s'est introduit change ce que jusqu'alors on avait appelé le droit des gens en temps de guerre. Autrefois le gouvernement du pays punissait d'après les lois ordinaires, en adoucissant tout au plus la peine, tous ceux de ses sujets qui avaient attaqué la vie d'un guerrier ou d'un employé ennemi. Il était donc interdit aux citoyens de prendre une part active à la chose publique. Cet isolement fut regardé comme un haut progrès de civilisation; on se flattait d'avoir trouvé le moyen de rendre les guerres moins meurtrières et moins sanglantes, et de faciliter la réconciliation. Ce procédé partait du même principe qui interdisait de mettre à prix la tête d'un ennemi, ou d'employer des armes perfides pour le détruire, ou de punir les prisonniers de guerre.

Quoique le sentiment d'où ils naissent soit très-humain et très-louable, ces principes ne servaient qu'à prolonger la guerre; ils tournaient au profit de l'ambition la plus déterminée. La révolution française les a dépouillés de leur crédit. En appelant, par son décret du 23 août 1793, toute la masse de la nation à la défense commune, la France a indiqué aux peuples le chemin de l'indépendance. Elle a fait davantage: une série de violences exercées sur les peuples de l'Europe, a forcé ceux-ci de mettre en pratique les levées en masse. Mais en adoptant cette grande mesure, le Nord en a écarté tout ce qui pouvait la rendre atroce. L'exercice des hostilités s'est maintenu dans les limites de l'honneur, et la France à son tour, quoique envahie, n'a fait usage d'aucun des moyens perfides que Buonaparte, réduit à la défensive, n'a pas eu honte de recommander à une nation généreuse (1).

---

(1) Un article inséré dans tous les journaux, invita les dames françaises d'empoisonner, etc.

En rejetant ces horreurs révoltantes, les publicistes s'accordent cependant aujourd'hui à admettre, comme légitimes, beaucoup de choses que l'ancien usage repoussait comme illicites. Ils pensent que, dans une guerre d'invasion, on a le droit de punir de mort le chef de l'armée, lorsqu'on peut s'en emparer; ils pensent de même qu'on a le droit de traiter comme criminels les généraux ennemis qui défendent les places fortes au détriment des habitans, lorsque le corps de l'armée s'est retiré en évacuant le territoire ennemi. Les puissances alliées ont suivi dans leur conduite des maximes plus humaines; elles ont porté, en général, la plus noble civilisation dans la guerre.

§ VI.

Du besoin d'une autorité formelle.

Afin qu'un si bel exemple se perpétue, et que les rapports de peuple à peuple se dégagent de plus en plus de la barbarie qui les affecte, il convient de donner au droit de la raison l'appui d'un acte formel. En conséquence, les souverains, assemblés à Vienne, rendraient un grand service à l'humanité, en arrêtant une sorte de statut politique qui, proclamé par leur organe, deviendrait l'opinion et la règle dont aucune puissance ne pourrait s'écarter sans encourir l'excommunication. L'autorité de ce statut subsisterait jusqu'à l'époque où d'autres circonstances provoqueront la dictature d'un congrès futur. Aux saines maximes déjà consacrées par le temps, et qu'on sanctionnerait de nouveau, le congrès en ajouterait d'autres tendant à diminuer le nombre des causes qui excitent les peuples à se traiter hostilement. Leurs guerres proviennent, 1°. de l'esprit de conquête; 2°. des successions; 3°. des limites; 4°. de la religion; 5°. des soulèvemens; 6°. des grandes armées; 7°. du commerce, etc.

§ VII.

Des guerres de conquêtes.

Les coalitions sont le remède le plus infaillible contre les progrès d'un conquérant. Leur force d'inertie, bien soutenue, le fait succomber. L'obligation de se liguer, et de ne pas abandonner la ligue avant que l'envahissement n'ait cessé, sera établie en maxime du droit des gens. On mettra également un grand obstacle à l'esprit de conquête, en traçant bien exactement la circonscription des peuples qui, dans le système général de l'Europe, doivent être regardés comme des corps de nations, dont l'indépendance et l'intégrité ne sauraient jamais devenir un sujet de contestation. Cette circonscription est donnée par le site, par l'affinité du langage et par l'habitude de la possession. Ces différens points de vue peuvent réciproquement servir de correctif l'un à l'autre.

§ VIII.

Des guerres de succession.

Depuis long-temps déjà l'Europe a fait, à l'égard des guerres de succession, un pas de la plus grande importance. En établissant le droit de primogéniture, elle s'est affranchie de toutes les guerres de succession intérieures qui agitent encore les Marocains et les Orientaux. On peut de même rendre impossibles les guerres de succession extérieures, en établissant l'axiome que des nations indépendantes, à moins qu'elles ne soient déjà soumises aux branches d'une même famille, ne sauraient jamais tirer leur dynastie d'une maison déjà ailleurs régnante.

§ IX.

Des guerres de limites.

La circonscription la plus constante des peuples

est dans l'analogie du langage. Cette analogie suppose de l'affinité dans la manière de sentir et de penser, ainsi que dans les causes environnantes, telles que le site, le climat, la constitution physique, la nourriture. La réunion de ces circonstances imprime aux peuples qui parlent la même langue des traits de physionomie, un caractère, un mode d'action qui leur sont propres. Momentanément, une force supérieure peut subjuguer ou rompre leur système d'existence; il tend sans cesse à se reproduire, et finit par reprendre ses droits.

Au sortir du moyen âge, les peuples se trouvaient, avec assez de précision, rangés dans les cadres du langage, comme dans leurs enceintes politiques naturelles. Depuis trois siècles, l'esprit de conquête a troublé cet ordre simple, qu'il sera bon de rétablir partout où la réforme n'entraîne point de secousse violente. Mais en renfermant les peuples trop strictement dans les limites du langage, ne risque-t-on pas de retomber dans un isolement barbare? Les relations commerciales et littéraires suffiront pour porter remède à cet inconvénient.

Si, outre la langue, on demande encore des démarcations qu'on puisse regarder comme naturelles, il faut les choisir parmi les objets qui présentent un caractère d'immuabilité : tels sont les déserts de sables, les landes, les grandes forêts, les marais, les montagnes, les golfes, les mers. Un fleuve, à moins qu'il ne soit la rivière des Amazones, ou celle de la Plata, ne tracera jamais d'une manière solide la séparation de deux empires : être mobile, là surtout où il coule dans les plaines, son cours varie, et ne donne point d'inaltérable appui.

Un golfe peut être défendu par deux ou trois bâtimens de guerre ; une poignée de monde dispute dans les montagnes, et avec succès, le passage des gorges à une armée cent fois supérieure ; mais cent mille hommes ne pourront jamais empêcher cent mille autres de passer un fleuve qui n'intercepte la communication entre les deux rives, sous quelques rapports, que pour la faciliter sous beaucoup d'autres. Les montagnes de la Thessalie séparaient les Grecs des Barbares, les Alpes séparent l'Allemagne de l'Italie, comme les Pyrénées la France de l'Espagne ; la mer sépare l'Angleterre de tout le continent. En consultant l'histoire, on voit à chaque page que les grands fleuves, l'Euphrate excepté là où il est bordé par le désert, n'ont jamais établi une ligne de division entre les peuples. Qui voudrait faire une frontière de la

Seine, ou de l'Ebre, ou du Pô, ou du Danube, changerait la nature des choses, et révolterait le bon sens.

Un grand fleuve appartient essentiellement tout entier à la contrée qu'il arrose; il en est l'artère de vie : le changer en barrière entre les deux rives, c'est détruire en pure perte une des plus précieuses voies de communication que la nature puisse distribuer aux habitans du globe. On la détruit par les douanes, les passe-ports, les chicanes de toute espèce qui rendent difficile et quelquefois impossible la navigation du fleuve et l'accès de l'une ou de l'autre rive. Celle des deux rives qui possède les points fortifiés, devient nécessairement l'arbitre de l'autre, jusqu'à une très-grande distance dans l'intérieur du pays. Vouloir entremêler les points fortifiés, de manière qu'alternativement ils se tiennent en respect, c'est multiplier les embarras. Une explication franche sur ce qui ne peut et ne doit jamais servir de limite entre deux états d'Europe, serait du plus grand intérêt. Il restera toujours des districts à qui la nature a refusé des démarcations précises, et où le courage et la diplomatie pourront s'exercer à fixer de limites politiques.

§ X.

Des Guerres de religion.

Quoiqu'un esprit assez pacifique semble animer aujourd'hui toutes les confessions chrétiennes, quelques précautions contre les guerres qui tendraient à faire prévaloir tel ou tel dogme théologique, ne seront pas déplacées. On ne sait pas ce que l'avenir cache dans son sein, et l'esprit humain est si singulièrement inquiet, qu'après mille détours, il revient encore sans cesse sur ses pas. Les efforts qu'on tente depuis quelque temps pour réunir les sectes séparées en une seule, pourraient exciter de nouvelles scissions. Il serait donc à désirer que la liberté des cultes, ainsi que la liberté de la presse, pour tous les pays de l'union chrétienne, fussent consignées comme parties intégrantes du droit des gens.

§ XI.

Des Guerres de soulèvement.

La liberté de la presse sera un moyen également efficace pour prévenir les guerres de soulèvement. Ces guerres naissent ou d'une mauvaise administration intérieure, ou d'idées politiques long-temps comprimées. Mais la liberté de la presse ouvre un champ libre à la discussion; donc elle est le moyen le plus efficace pour corriger à temps les vices de l'organisation sociale, et pour prévenir les secousses qui pourraient en résulter.

§ XII.

Des Armées.

Les grandes armées soldées, et la facilité des recrutemens étant devenus une des causes les plus fréquentes de la guerre, il est important de rendre difficile le recrutement des armées soldées, tandis qu'on établirait un préjugé en faveur des engagemens désintéressés.

§ XIII.

Du Commerce.

Les traités en connaissance de cause, sur des bases équitables, sont les meilleurs moyens pour éviter les guerres de commerce; mais de pareils traités seront impossibles aussi long-temps que la voix des nations ne se sera pas prononcée contre tout peuple quelconque, qui, s'arrogeant la suprématie maritime, semblerait vouloir s'attribuer à elle seule tous les avantages d'un droit commun.

§ XIV.

Des Guerres ultérieures.

Quant aux guerres purement politiques, ou dont la source est dans l'irréflexion ou l'audace de ceux qui les entreprennent, il est presqu'impossible de les prévenir. Néanmoins la connaissance exacte de la véritable situation des forces morales et physiques des états peut empêcher beaucoup de folles entreprises. Il importe donc que le dispositif du droit des gens détermine pour tous les gouvernemens le besoin de donner de la publicité à leurs transactions, ce qui ne saurait avoir lieu que dans un système représentatif.

§ XV.

De la Compétence réciproque.

La liberté des communications, hors le cas d'une maladie contagieuse, la liberté de la presse, la sûreté des lettres, la liberté des cultes et des opinions étant les instrumens indispensables du droit des gens, ces libertés seront reconnues comme inviolables par toutes les puissances.

Celle d'entre elles qui exerce des usages contraires à ces libertés, ou qui admet l'esclavage, ou dont le gouvernement ne repose pas sur le principe d'une représentation nationale, est hors du droit des gens de la chrétienté; car un semblable gouvernement, se disant institué pour son propre compte, et n'ayant pas d'obligations à remplir envers ses sujets, n'offre aucune garantie de paix aux autres peuples.

Lorsqu'un tel gouvernement est établi chez une nation chrétienne, tous les autres gouvernemens chrétiens ont le droit et le devoir de faire cesser cette relation hostile, et de contraindre le gouvernement en question de s'asseoir sur leur base commune.

De même qu'il est de leur intérêt, ils ont le droit de veiller à ce que rien ne se passe dans l'intérieur d'un état, qui puisse troubler la tranquillité de ses voisins, comme l'expulsion violente du prince, des bannissemens, des confiscations arbitraires, des incarcérations pour cause d'opinions, des auto-dafé ou autres exécutions barbares.

Ainsi, ils jouissent d'un droit d'information sans que celui qui en soit le sujet puisse s'en plaindre comme d'une lésion de son indépendance, puisque, dans la chrétienté, on ne saurait admettre d'indépendance absolue.

Du droit d'information et de contrôle résulte le droit d'intervention, soit dans les relations intérieures, comme pour apaiser les discordes civiles ou pour arrêter les bouleversemens, soit dans les relations extérieures.

§ XVI.

Des Alliances et des Traités.

Un traité entre deux puissances a besoin d'être sanctionné par toutes les autres, et il n'est valable qu'autant qu'elles y ont concouru ou donné leur assentiment.

Les traités qui tournent à l'oppression d'un peuple sont nuls.

Des alliances contre une troisième puissance sont une déclaration de guerre.

§ XVII.

Du Droit des gens en temps de guerre.

Chaque état a le droit de s'armer et de mettre ses frontières en état de défense.

Comme dans la chrétienté il n'y a pas de souveraineté illimitée, et comme le pouvoir des princes a ses bornes, ainsi que le devoir des sujets, une guerre n'est légitime que lorsqu'elle a été consentie par les représentans de la nation.

Ne pouvant avoir lieu sans une déclaration, celle-ci doit donner aux nationaux résidant dans les pays réciproques le temps de se retirer par terre et par mer avec leurs biens mobiliers.

La guerre ne leur enlève pas la propriété des biens-fonds qu'ils possèdent, ni les successions qui leur adviennent.

On peut tout au plus en séquestrer le revenu jusqu'à la paix.

Les prisonniers de guerre sont sous la protection des lois; ils ne peuvent être mutilés, ni punis de mort, ni condamnés aux travaux publics, ni vendus comme esclaves, ou autrement être réduits en servitude.

Le vainqueur, au contraire, a l'obligation d'en prendre soin, tout aussi bien que des malades et des blessés.

Les femmes, les enfans, les vieillards, ne peuvent, dans aucun cas, être employés pour le service des armées.

Les habitans d'un pays ni les fonctionnaires

ne peuvent être forcés de servir contre leur gouvernement.

Les monumens d'une nation, ses églises, ses établissemens publics, ses tableaux, ses collections d'histoire naturelle, etc., ses monts-de-piété, ainsi que les asiles de l'humanité souffrante, doivent être respectés par l'ennemi chez toutes les nations civilisées.

§ XVIII.

Du Droit maritime.

On appelle nation plusieurs peuplades confondues par l'affinité du langage et la communauté de l'assiette géographique.

L'assiette géographique est déterminée par le site d'arrosement que suivent les sources, en descendant par la pente des hauteurs pour s'enfoncer dans la tranchée d'un fleuve, dont la ligne de mouvement réunit dans un ensemble les vallées, et conséquemment aussi les plateaux d'une contrée.

L'embouchure du fleuve, avec les îles qui lui servent de défense, faisant partie de l'ensemble, chaque fois qu'un pays n'est pas absolument reculé dans les terres en forme d'enclave (1),

(1) Comme la Suisse, la Hongrie, l'Arménie.

il en résulte que tout état continental es nécessairement un état maritime.

Ce n'est que par le contact avec la mer qu'un pays peut faire valoir ses ressources, et que les états se mettent en équilibre.

La mer est libre pour tous; en temps de guerre, elle est neutre pour les puissances belligérantes aussi loin que la simple vue s'étend sur l'Océan, depuis l'extrémité du continent ou des îles adjacentes.

Les détroits ne peuvent jamais être occupés exclusivement par une seule nation.

Aucun bâtiment ne baisse pavillon devant un autre, n'importe à quelle nation il appartient.

Le pavillon neutre couvre la personne et les marchandises.

Le faux pavillon est puni comme le faux monnoyage.

Les ports des nations en guerre sont fermés aux neutres tout aussi bien qu'aux ennemis, et les ports des neutres sont fermés à tous les bâtimens armés; on n'y permet pas la vente des prises.

Il est permis aux neutres de passer des avis dans les parages éloignés.

Tous les bâtimens annoncent la guerre de loin.

Il n'est pas permis de tirer parti des calamités naturelles. En cas de naufrage, les ennemis se prêtent loyalement des secours réciproques.

Les états pirates sont voués à la destruction.

§ XIX.

Des Nations.

On ne peut pas hériter d'une nation.

Nulle ne saurait être la propriété d'une autre.

Il n'en est aucune qui puisse être donnée, vendue ou morcelée.

Chaque peuple a le droit de se constituer comme bon lui semble, pourvu qu'il n'adopte pas des principes opposés à la raison commune, et par conséquent incompatibles avec la sûreté et la tranquillité de ses voisins.

Ainsi, il n'a pas le droit de se soumettre à l'autorité arbitraire et absolue d'un maître ou d'un comité; il a l'obligation de vivre, comme ses voisins, sous un gouvernement régulier, et ils ont le droit, comme ils en ont le pouvoir, de l'y contraindre.

Hors de cette limite, aucun peuple n'a le droit de prescrire à un autre ses formes de penser.

Lorsque la dynastie qui le gouverne s'éteint,

il en choisit librement une autre. Le droit de succession ne peut avoir lieu que dans l'intérieur.

Aucun monarque ne peut gouverner deux peuples à la fois.

§ XX.

Des Particuliers.

L'homme, né libre, n'est pas attaché à son sol natal, et, de même qu'il peut parler librement, il peut agir. Il a le droit d'émigrer aussi long-temps qu'il n'est pas chargé du devoir particulier de quelque fonction publique. L'état ne peut pas l'expulser lorsqu'il refuse d'en accepter.

Du moment qu'il est devenu citoyen d'un autre état, les droits de son pays natal cessent, et ce qu'il perd d'un côté, il le regagne de l'autre.

Il lui est permis de servir dans les armées d'une nation étrangère.

L'état ne peut pas interdire l'immigration des étrangers, excepté dans le cas où il serait accablé de disette, ou de telle autre calamité publique.

Celui qui a été reçu se trouve sous l'égide

des lois ; l'hospitalité qu'on lui donne est un devoir.

Quant aux personnes qui cherchent à se mettre à l'abri de la vengeance des lois de leur patrie, il faut considérer si elles sont coupables de crimes ou non.

Les criminels ordinaires, bien loin d'obtenir un asile, sont livrés à l'autorité qui les réclame.

Les personnes, au contraire, exilées de leur patrie pour des faits politiques, méritent une attention particulière. On ne doit prendre à leur égard des mesures négatives qu'après avoir acquis la certitude qu'elles se sont rendues coupables d'excès ; mais, dans ce cas-là même, on se contentera de leur enjoindre de s'éloigner : l'extradition de la personne n'est pas admissible.

§ XXI.

De l'Étiquette.

Les souverains des peuples sont tous du même rang, ainsi que les nations qu'ils représentent. Dans leurs rapports personnels, la politesse seule peut décider de la préséance. Relativement à leurs ministres, on pourra l'attacher à l'âge. La langue dans laquelle les actes doivent être conçus, est choisie par la majorité des voix. Dans les occasions solennelles, les envoyés parlent la langue de leur pays.

§ XXII.

De la Garantie à donner au droit des gens.

Pour donner un garant direct au droit des gens, on pourrait instituer un ordre de chevalerie dont les membres, par une sorte de vœu, s'engageraient formellement à faire respecter partout les maximes du droit des gens. Cette chevalerie s'étendrait sur toute l'Europe; elle aurait des commanderies dans tous les pays; mais pour maintenir l'unité de l'ordre, toute distinction nationale disparaîtrait parmi ses membres. De pareilles institutions ont eu lieu, et l'ordre de Malte, dont le but a cessé, pourrait recevoir cette nouvelle destination. Il n'y a de nouveau que l'application à notre temps. Mais si, à l'exemple de ces institutions, on essayait d'appuyer l'ordre en question sur les préjugés du sang, qui n'existent plus, ou sur des vœux que la religion n'est plus en état de faire observer; on en ferait une institution romanesque. D'ailleurs, les corporations en général n'étant pas du goût de notre temps, un ordre de chevalerie, quel que soit le but utile qu'on lui trace, aura de la peine à s'accréditer. Il en est de même de la puissance spirituelle, qu'on voudroit remonter dans l'opinion publique, pour qu'elle servît de contrepoids aux puissances d'un autre genre, qui, depuis l'annullation de l'Église, semblent avoir acquis trop de crédit.

L'esprit du siècle renversera sans cesse toutes les institutions politiques qui ne présentent rien de progressif et d'analogue au mouvement de l'opinion. Les véritables dispensateurs de cette opinion, ce sont les lettrés, ce sont les écrivains : ils constituent le haut clergé des temps modernes.

§ XXIII.

De la Prépondérance.

L'activité de cette classe de la société, ses grands moyens, et le juste ascendant qu'elle s'est acquise, décident que c'est elle qui donne le ton au siècle. D'après l'effet que ses efforts ont produit, il est à prévoir qu'elle entraînera encore plus loin dans ses vues la masse des peuples, dont les chefs ne peuvent que suivre l'impulsion. Nous prévoyons également que celle des puissances qui aura pour alliés les savans et les écrivains, exercera, de toutes, la plus forte influence sur les affaires de l'Europe; la puissance enfin qui le mieux respectera la raison des nations ou le droit des gens, dont la véritable garantie est dans les lumières.

§ XXIV.

De la Diplomatie.

Fondée sur des traités d'alliance et de famille, des contrats de mariage, des testamens, des concessions, des chartres, la diplomatie était originairement une sorte de jurisprudence à l'usage des souverains : les peuples n'y avaient qu'une part précaire. Dans cette science, les formalités de l'étiquette occupaient beaucoup de terrein. Pour se mettre en scène, un diplomate devait être muni d'un vaste appareil de connaissances, souvent minutieuses ou bizarres : on ne pouvait les acquérir qu'à force d'application et d'étude; et, comme l'emploi des facultés intellectuelles, n'importe à quel sujet, tourne toujours au profit des bonnes têtes, il se forma des hommes d'une grande capacité. A l'époque du congrès de Munster, les affaires furent traitées pesamment, mais solidement.

Dans la suite, l'étiquette tomba en désuétude; mais en se débarrassant de tout fratras inutile

La diplomatie substitua, trop libéralement peut-être, la raison des convenances à la considération du droit établi. Il n'y fut plus question que de tirer parti de la situation du moment. Dès lors l'instruction devint moins importante que le savoir-faire. Sous ce point de vue, les hommes du monde et les gens d'esprit étaient mieux à leur place que des jurisconsultes. Ils envahirent presque tout le domaine de la diplomatie, et on expédia les affaires lestement. Mais la raison des convenances ne jouissant pas toujours d'un entier crédit, on eut recours à un motif dont jusqu'alors la diplomatie n'avait point fait usage, celui de l'intérêt des nations. Ce motif n'obtint d'abord qu'une existence purement nominale, et les relations mercantiles, par exemple, furent regardées comme d'un ordre tout-à-fait subalterne.

Mais successivement le bruit de la fiction éveilla la réalité, et les peuples mirent dans la balance des rapports politiques le poids immense de leurs droits. Désormais il est impossible que leurs vœux, leurs opinions et leurs intérêts ne se trouvent en première ligne dans les transactions de la diplomatie, et que les fonctions consulaires ne sortent de l'état d'obscurité où le préjugé les tient reléguées? C'est ainsi que les diplomates deviendront les défenseurs nés et les véritables avocats du droit des gens.

LETTRE

DE M. MULLOT (DE LA GIRONDE)

A M. LE RÉDACTEUR DU MERCURE ÉTRANGER.

Bazas (Gironde), 24 octobre 1814.

MONSIEUR,

Tous vos abonnés ont sans doute lu, avec un vif intérêt, l'*Exposé du Droit des Gens*, par M. OE....., d'après les principes de Kant. Cet ami de l'illustre philosophe assure que ses vues philantropiques s'adaptent aux circonstances actuelles, et que les rois alliés ont porté la civilisation morale, dans la guerre et la politique, au-delà de toutes les espérances. Son cœur se flatte que le *congrès permanent* proposé ne restera pas un simple vœu ; qu'une si belle *théorie* du droit des gens peut et doit avoir enfin une direction *pratique*, et que les destinées de l'Europe, entre les mains des potentats réunis à Vienne, vont bientôt se consolider sur les bases d'une *paix perpétuelle*.

Certes, ce ne sera pas nous, dont la raison dédaigneuse se refuserait à croire à la possibilité de l'exécution d'un si beau plan, nous qui l'avons toujours admiré dans les écrits du vertueux abbé de Saint-Pierre, en déplorant l'aveuglement des rois ou de leurs ministres, qui, avec un sourire de pitié, regardaient ce projet de *paix perpétuelle* comme le *rêve d'un homme de bien*; nous qui, depuis les révolutions et les guerres qui ont bouleversé l'Europe, sommes plus persuadés que jamais qu'enfin l'Europe, lassée de tant de massacres privilégiés, verra ce rêve sublime se réaliser, si l'homme est vraiment *perfectible*.

Mais que d'obstacles s'opposent encore à cette civilisation morale de la politique européenne! Cherchons d'abord ceux qui existaient avant la révolution de 1789, et puis nous examinerons s'il est probable que les obstacles s'aplanissent dans le congrès de Vienne de 1814.

Il faut l'avouer avec franchise, le projet de l'abbé de Saint-Pierre, si semblable dans ses résultats à celui de Kant, nous paraît plus difficile à exécuter que celui de son émule. Le philosophe allemand, le flambeau de la raison à la main, observe la nature des sociétés politiques, et fonde sur les lois générales la *théorie* du droit des gens. Le philosophe français, jetant un coup d'œil sur la situation physique, politique et morale de l'Europe, sur les intérêts qui tendent tour à tour à diviser ou à rapprocher ses états, propose un *congrès permanent*, fondé sur les *intérêts* bien entendus de chacune d'elles; il prévient toutes les objections qu'on pourrait faire aux principaux réglemens présentés, les résout, et semble leur dire : « Mettez-les en *pratique*, si réellement vous êtes jaloux d'acquérir une solide gloire, et de faire le bonheur de vos peuples. » Au reste, pour en être convaincus, nous n'avons qu'à rapprocher de la théorie de Kant, insérée dans le *Mercure Etranger*, l'analyse du projet, bien plus ancien, qui réduit cette théorie en pratique.

L'abbé de Saint-Pierre prouve d'abord que les peuples anciens, trop admirés de nos jours, ont méconnu, bien plus que les modernes, le véritable droit des gens; et, quoique les Grecs aient eu leurs *Amphictyons*, leur ligue Achéenne, les Latins leurs *Féries*, nulle de ces confédérations ne tendait au sage et noble but de celles du corps germanique et de la ligue helvétique. Au contraire, les républiques de la Grèce et de Rome étaient essentiellement fondées sur l'esclavage *réel* et domestique : états anti-sociaux, où l'on ne pouvait être à la fois homme et citoyen (1). Depuis la chute de l'empire romain, les peuples de l'Europe moderne, excepté les Turcs (ajoute un autre philosophe), firent quelques pas vers le droit des gens, soit par la situation géographique de leurs états qui, en fixant leurs bornes naturelles, établit entre eux des relations commerciales; soit par la propagation du christianisme, dont les lois ont mis une certaine conformité dans leurs mœurs; soit par les liens du sang qui unissent la plupart des rois; soit, en un mot, par une foule de circonstances, telles que les colonies, l'invention de l'imprimerie et le goût des beaux-arts; circonstances qui les ont singulièrement rapprochés les uns des autres. De sorte que ces relations multipliées ont formé entre les Européens un système d'équilibre qui les conservait dans un état stationnaire (jusqu'à l'époque de la révolution française, dont les causes morales étaient encore

---

(1) L'excellente *Histoire de l'Etat Républicain de Rome*, par feu Pierre l'Evêque, prouve d'une manière évidente que ces peuples si vantés sont *coupables de tous les crimes civils et politiques* des modernes Européens, et surtout des Français et des Anglais, leurs ambitieux imitateurs.

trop éloignées pour que l'abbé de Saint-Pierre l'entrevît).

Mais le sage écrivain, en montrant l'espèce de fraternité existante dans la grande famille européenne, expose ensuite les divisions intestines qu'alimente cette complication même d'intérêts qui la rapproche. En vain des traités *partiels* entre puissances étouffent, par intervalle, ces germes de discorde : ce sont des trêves, et non des traités ; car où est la garantie des droits respectifs, souvent mal fixés? Où est le chef supérieur qui, dans le cas où les droits fussent bien connus, puisse obliger à leur exécution les parties contractantes? Où est même le code politique du droit des gens, encore si contradictoire, si imparfait dans les livres des philosophes, qui, sanctionné par les peuples et les rois, serve à régler leurs diverses prétentions, quand même ils voudraient être *justes ?* Il faut donc recourir aux armes, aux bronzes tonnans des batailles, d'où sort, comme on l'a dit, l'*ultima ratio Regum*. De là, dit l'auteur avec émotion, ces massacres épouvantables, ces brigandages royaux, ces usurpations révoltantes qui désolent, qui scandalisent l'Europe.

Le ver de l'orgueil ambitieux qui s'attache aux racines de l'arbre social, une fois découvert, l'abbé de Saint-Pierre s'efforce de le détruire ; il en cherche les moyens dans une force coactive qui dirigeât l'action et la réaction des puissances, afin de neutraliser ou d'écraser l'ambition des conquérans ; afin que cette force légale donnât aux intérêts communs, aux traités partiels la garantie et la solidité qu'ils ne sauraient avoir par eux-mêmes. Or, de tous les moyens d'atteindre à ce but, il n'en voit pas de meilleur que celui de former, de la réunion de chaque corps politique, une diète générale, un *congrès permanent*, d'où s'éléverait un tribunal JUDICIAIRE, dont toutes les puissances (1) seraient membres, sous la présidence amovible d'un souverain qu'on élirait; et ce président, d'après les lois convenues, aurait le pouvoir de contraindre chaque état, par la force de *tous*, à se soumettre

---

(1) Les noms de *souverain*, de *puissance*, seraient pour la raison et la justice sociales, absurdes, monstrueux, incompréhensibles, si par souverain et puissance on n'entendait pas désigner la réunion et du prince et du peuple. Ainsi le représentant du prince et du peuple devraient être nécessairement, pour chaque Etat, un membre du Corps-Législatif ou de la Chambre des Députés nationaux : on sent bien qu'un ambassadeur ou ministre ne pourrait lui suppléer au congrès. C'est, je crois, la pensée de l'abbé de Saint-Pierre.

aux délibérations suprêmes, sans qu'aucun d'eux pût se détacher de l'intérêt social, quand il le croirait contraire à l'intérêt national, qui est si souvent le masque de l'ambition.

Il faut voir, dans l'ouvrage de l'abbé de Saint-Pierre, ou dans J. J. Rousseau (1), qui l'a mis dans tout son jour, les règlemens détaillés qu'il propose. Les plus essentiels sont ceux-ci : 1°. Les souverains de l'Europe, ayant contracté une alliance perpétuelle et irrévocable, s'engageraient à régler et à terminer tous leurs différends par les voies d'arbitrage devant le tribunal ci-dessus désigné. 2°. L'ordre et le temps de la présidence, le nombre des juges, la quotité des dépenses nécessaires seraient ensuite fixés. 3°. La confédération garantirait, depuis les derniers traités, les possessions actuelles des divers états, leurs successions électives ou héréditaires, avec promesse de renoncer à toute prétention antérieure. 4°. Tout allié qui refuserait d'exécuter les jugemens du tribunal, ferait des armemens, ou négocierait des traités contraires aux intérêts de la confédération, serait mis au ban de l'empire et proscrit comme *ennemi public* : l'armée

(1) J.-J. Rousseau, édit. de Genève, tom. XXIV.

confédérée le poursuivrait comme tel jusqu'à ce qu'il eût réparé ses torts. 5°. Les souverains alliés pourraient, tous les cinq ans, faire, à la pluralité des voix, des règlemens qu'ils jugeraient utiles à la république européenne; mais il leur serait interdit de rien changer aux lois fondamentales du congrès permanent.

L'abbé de Saint-Pierre, après avoir établi et organisé le tribunal suprême, cherche quels en seraient les avantages pour les rois de l'Europe. Je ne jetterai qu'un coup d'œil sur les plus marquans. Nul doute que les peuples, si souvent massacrés dans des guerres qui divisent leurs rois, ne gagnassent à l'exécution du plan proposé. La suppression d'impôts excessifs, l'accroissement de la population, en ranimant les mille bras de l'agriculture encouragée et du commerce respecté, multiplieraient chaque jour les richesses des particuliers comme celles de l'Etat. Les propriétaires, riches ou aisés, pourraient donner à leurs enfans une éducation plus libérale; de là, les progrès sensibles des sciences, des lettres et des arts, l'étude plus étendue de la nature et de l'homme, la connaissance plus parfaite des droits et des devoirs respectifs entre les peuples et les gouvernans; de là la destruction totale de l'ambition conquérante et de la tyrannie, que ferait disparaître la double crainte du *ban* de l'Europe et des flots de lumière dont elles seraient poursuivies. Les rois, de leur côté, gagneraient beaucoup à cet heureux changement. Le droit de la force et des conquêtes anéanti, parce qu'il serait désormais impossible de l'exercer, même aux plus puissans Etats, leurs princes aspireraient à une gloire plus solide, celle de rivaliser entre eux, en fondant des établissemens publics utiles ou magnifiques; en favorisant le règne du travail, source de l'aisance et de la probité civile; en extirpant la lèpre ambulante de la mendicité, aussi honteuse pour l'Etat qui la souffre, qu'immorale pour ceux qui en font profession; en faisant, en un mot, le bonheur des peuples. Ils trouveraient encore leurs *propres intérêts* dans ce nouveau système politique : certains que tous leurs différends entre eux seraient terminés sans guerres, et qu'ils ne perdraient rien de leurs possessions garanties, ils seraient rassurés, en mourant, sur la crainte des révoltes ou des crises révolutionnaires où l'ambition d'un grand change quelquefois les dynasties, si leur couronne n'est pas élective, ou se trouve sur la tête d'un faible héritier. En supprimant d'énormes dépenses militaires, et par conséquent les impôts indirects, sortes de monopoles, leurs revenus en seraient et plus sûrs et plus considérables. C'est peu; ils s'attacheraient encore les cœurs de leurs nations par leurs faciles, mais importans bienfaits. Alors les publicistes de l'Europe, et les ministres dans leurs proclamations, pourraient, sans s'exposer au ridicule, comparer les peuples à une grande famille, dont les monarques ne seraient que les princes chéris, et les délégués visibles de la Providence.

Au reste, le philosophe français va lui-même au-devant des objections raisonnables qu'on peut lui faire, pour le convaincre que jamais ce beau rêve ne se réalisera. « Si la paix perpétuelle existait, lui dira t-on peut-être, voilà les forteresses de chaque Etat désarmées, l'art militaire tombant dans l'oubli; or, l'Europe tranquille sur sa propre sûreté, n'aurait-elle rien à craindre pour son commerce maritime, des corsaires d'Afrique, et, pour sa puissance territoriale, de la Turquie ou de quelque nouvel Attila? Comment donc se défendrait-elle sans de redoutables forteresses, sans d'habiles généraux, sans des soldats aguerris? » A cela, l'abbé de Saint-Pierre répond qu'il arriverait de deux choses l'une : Ou ces peuples, voisins de l'Europe, oseraient l'attaquer; alors les armées de la Confédération, rassemblées sur les frontières communes que des forts inexpugnables défendraient contre les invasions, repousseraient bientôt le conquérant asiatique, ou les pirates africains les plus redoutés : les écoles militaires de tous les Etats alliés enfanteraient plus de Jean-Barts et de Ruyters, plus de Turennes et de Guillaume-Tells qu'il n'en faudrait pour les réduire ; c'est, pour défendre le droit des gens, qu'il serait beau de mourir au champ d'honneur, et de célébrer la gloire des vrais héros dans des poëmes immortels. — Ou bien, ces ennemis étrangers, voyant la Confédération armée, laisseraient en paix les Etats qui la composent ; et alors de quelle utilité serait ce vaste et ruineux appareil militaire dont le vain éclat blesse partout l'œil de l'humanité ? La France individuelle en est-elle moins aguerrie et moins tranquille, depuis qu'on ne voit plus, comme dans les guerres féodales, les châtels comme les villes entourés de remparts, et parce que seigneurs et citadins, tout est maintenant soumis à l'antique autorité du monarque, grâce au génie du cardinal de Richelieu (dont l'utile despotisme, pour le dire en passant, favorisa la liberté publique.) » — Telles sont les réponses de l'auteur aux objections spécieuses contre son projet de paix perpétuelle : j'en néglige une foule d'autres qui ne me paraissent avoir rien de bien solide, comme la prétendue corruption des peuples par les sciences, les lettres et les arts; ridicule outrage fait à l'intelligence et aux travaux de l'homme civilisé; car les mœurs dépravées des soldats oisifs sont toujours les germes de l'avilissement et de la chûte d'un état, ainsi qu'on le vit dans l'empire romain. Je passe également sous silence l'objection que ne manquent pas de faire quelques politiques sur les inconvéniens d'une population trop nombreuse pour la tranquillité de l'Etat; comme si les Européens, enchaînés sur leur territoire, semblables aux Chinois qui se détruisent quand ils sont trop multipliés, n'avaient pas des colonies à peupler, à cultiver, en hommes sages et laborieux, à la place de ces malheureux nègres que nous allons voler sur les côtes d'Afrique.

Qu'on pèse maintenant dans la même balance les maux qui accablent, qui désolent les corps politiques, lorsqu'ils repoussent, par un aveuglement déplorable, le beau projet de l'abbé de Saint-Pierre; qu'on les pèse, dis-je, avec les avantages qu'ils en retireraient en le mettant en pratique : on conviendra sans doute que la raison sociale, que les intérêts bien entendus des peuples et des rois, la gloire et le bonheur de tous, leur font un devoir d'essayer au moins ce grand système politique, lequel n'est, ce nous semble, que le droit des gens réduit en action par la *vertu du sentiment* d'une morale universelle.

Par quelle fatalité faut-il donc que, jusqu'au dix-neuvième siècle, ce projet de paix et de confédération si juste, si avantageux pour tous, n'ait jamais excité que les misérables risées de nos politiques ? Le voici ; et ce plan sera l'éloge de notre bon abbé de Saint-Pierre, qui, avec beaucoup de génie, avait une candeur de caractère incapable de deviner les secrets horribles du cœur humain. Notre raison, souvent erronée, produit une volonté défectueuse, qui alors préfère à un intérêt *réel* un intérêt *apparent*. Or, si l'intérêt réel des potentats se trouve dans la paix perpétuelle, leur intérêt apparent, jusqu'à nos jours, l'a emporté, quand ils songeaient au vain orgueil d'une indépendance absolue, au triste pouvoir d'être injustes et despotes à leur gré ; de sorte qu'ils aimaient mieux être soumis aux caprices de la fortune, qui leur donne souvent de si terribles leçons, qu'à l'empire salutaire de la diète européenne. Tous les princes consentaient assurément à régner *par la grâce de Dieu ;* mais ils ressemblaient à je ne sais quel vizir, qui disait dans son cœur : « Dieu est bien haut, le sultan est bien loin, et je suis maître ici. » Ils protestaient encore dans leurs édits qu'ils s'intéressaient au *bien public, à la gloire de la nation;* mais auraient-ils souffert de soumettre leurs différends à un tribunal suprême, eux qui pouvaient en trancher les nœuds avec leurs épées? D'ailleurs, quelques bonnes guerres, faites par intervalles, n'étaient-elles pas nécessaires, selon leurs ministres, pour délivrer les Etats de ces têtes ardentes qui, comme à Rome, y eussent excité des divisions intestines? Il fallait donc pousser vers les frontières cette effervescente écume de la nation, pour l'occuper à des conquêtes. En vain l'abbé de Saint-Pierre et des sages à courte vue prétendraient-ils que les conquêtes affoiblissent les Etats, en les étendant : les ministres des princes, meilleurs calculateurs, savaient très-bien qu'elles ne ruinent que les peuples; car des conquêtes à garder sont un excellent prétexte pour lever de nouveaux impôts, et, en rusés économistes, ils n'ignoraient pas aussi qu'avec des soldats on lève des impôts toujours croissans jusqu'au dernier écu. C'est ainsi que les décrets des rois de l'Europe ne tendaient qu'à faire la guerre par tous les moyens possibles, sans trop s'embarrasser s'ils étaient les bons ou les mauvais génies de l'espèce humaine, et si leur puissance ne serait pas tôt ou tard écrasée.

Aux calculs d'une raison pervertie, à ces intérêts personnels qui aveuglaient les rois, ajoutons une foule d'opinions erronées et de préjugés nuisibles dont se composaient les habitudes sociales des peuples européens; on sera convaincu que cet instinct de justice et de conservation donné à l'homme porté à la sociabilité, s'était insensiblement effacé de tous les cœurs. En effet, ces peuples, et même quelques-uns de leurs philosophes, ont-ils eu une véritable idée du principe et de la fin des corps politiques? Les institutions des anciens n'ont-elles pas servi de modèles à celles des modernes, dans les Etats, soit monarchiques, soit aristocratiques, soit républicains? De tous les peuples de l'Europe, les uns courbés sous la verge d'un despote qui se dit monarque, n'obéissaient-ils pas, comme les Perses et les Assyriens, à leurs décrets arbitraires? Les autres, poursuivant les Grecs et surtout les Romains de leur admiration stupide, n'avaient-ils pas plus ou moins adopté leurs faux systèmes sur la souveraineté du peuple, la liberté et l'égalité, sur leur gloire destructrice et leur orgueilleuse grandeur? Les autres enfin, en adoptant une monarchie mixte ou un gouvernement fédératif, comme les Grecs, fanatiques comme eux de leur exclusive liberté, ne regardaient-ils pas les peuples voisins avec un orgueil révoltant, comme des Barbares ? Il est donc vrai de dire que, d'un côté, l'abrutissement de l'esclavage, qui fait d'un peuple de soldats d'aveugles machines, et que, de l'autre, les fausses idées et les abus de la liberté se sont opposés jusqu'à présent à ce que les nations connussent leurs véritables intérêts sociaux indiqués par la raison politique qui a dicté à l'abbé de St.-Pierre son projet de paix perpétuelle; projet le plus beau, le plus utile qui soit sorti de l'esprit humain.

Mais si, pour le faire adopter, cette *raison sociale* ne pouvait rien sur la volonté égoïste des rois et sur l'esprit des peuples, corrompu par leurs préjugés, qui devait donc briser l'une, et amener l'autre à des idées plus saines ? N'en doutons pas, c'était la *force* des choses, la force des révolutions, la force de ces grands hommes qui s'élèvent pour changer la face du monde. La force des choses : la nature méconnue ne perd jamais ses droits; elle épure tôt ou tard les préjugés des peuples dépravés dans le creuset du malheur, et cette paix qu'ils repoussaient, ils l'implorent enfin. La force des révolutions:

que voyons-nous dans l'histoire de ces crises terribles? Des peuples s'armant des débris de leurs chaînes contre leurs despotes, des palais embrasés, des trônes foudroyés, des dynasties changées; mais ces malheureux peuples, bientôt lassés de leurs agitations et de leurs fureurs, ou retombent sous un joug plus inflexible, comme les Polonais, ou obtiennent, comme l'Angleterre, une constitution qui n'offre que le simulacre d'une liberté fondée sur un système de division et de conquêtes. La force des grands hommes peut encore violemment conduire l'Europe à un état de paix stable : il parut, au commencement du dix-septième siècle, un monarque qui, réunissant les qualités de l'âme aux dons du génie, avait conçu un grand projet (celui de la république chrétienne), dont l'heureux succès, long-temps préparé, mûri dans le silence, fondé sur les intérêts individuels de presque tous les rois de l'Europe, aurait exécuté d'avance, en rabaissant la grandeur colossale de Charles-Quint, le projet de paix perpétuelle de l'abbé de Saint-Pierre : ce monarque, c'est le père des Bourbons, c'est le grand Henri IV. Malheureusement pour le repos du monde, le poignard d'un monstre fanatique trancha la vie de ce bon prince au moment de l'exécution de son projet, et replongea l'Europe dans des guerres interminables. Malgré ce régicide, toujours est-il certain que la triple *force* dont je parle agitera plus ou moins cette partie du monde, jusqu'à ce que sa politique, ramenée aux principes et à la fin de la société, ait pour objet la *paix perpétuelle.*

Les dernières années du dix-huitième siècle et les premières du siècle actuel, si fécondes en grands événemens, ont déjà trop prouvé ce que j'avance. Le monde, après la mort du meilleur des rois, a vu s'élever un homme extraordinaire, qui a d'abord, dans l'intérieur de la France, retiré le trône des ruines de l'anarchie, brisé les tables de proscription, rétabli les cultes, indiqué de bonnes lois, créé de belles institutions, et jeté partout les bases de la grandeur nationale; il l'a vu cet homme, au milieu de l'Europe, défendre nos droits à la tête d'une armée invincible, ôter, rendre ou donner des sceptres, et se faire élire protecteur d'une confédération de princes, pour le rétablissement de la liberté maritime. Quels biens immenses n'en ont pas espéré les sages des nations aux premiers pas de sa carrière! Qu'il eût été grand, s'il avait eu l'âme de Henri IV! Pourquoi faut-il qu'une ambition vulgaire, dont le génie devrait être exempt, l'ait fait aspirer à un trône qu'il eût été si beau de céder avec un nouvel éclat, à l'exemple de Monk, à ses antiques héritiers? Comment a-t il pu, s'égarant dans les tortueux systèmes de Machiavel, croire des assassinats politiques, des crimes de lèse-nation *néces-saires* à l'affermissement de sa dynastie, lui qui avait bravé magnanimement les poignards de ses ennemis? Par quel inconcevable mépris du *droit des gens* a-t-il osé, sous prétexte de faire jouir l'Espagne des lumières de la civilisation européenne, humilier son orgueil en lui enlevant ses princes, y porter le fer et la flamme, y désoler toute une génération? Quelle funeste imprévoyance lui a fait concevoir et entreprendre des plans gigantesques avant de rétablir la Pologne, et sans mesurer la juste étendue de ses moyens? Qu'est-il arrivé? Le monde a vu ce héros, abhorré de tous ses peuples, le front ceint de lauriers flétris, s'évader à travers les ruines de la grande-armée engloutie dans les glaces du Nord; il l'a vu réunir en vain les restes dispersés de ses phalanges dans les champs de Lutzen, s'y battre encore comme un lion indigné de ses blessures, refuser une paix honorable, et tourner contre lui cette confédération que naguère il dirigeait; il l'a vu enfin repoussé vers les limites de son empire, trahi par les princes de sa famille, abandonné de quelques-uns de ses lieutenans, hors d'état de soutenir le poids de l'Europe, se dessaisir, mais trop tard, du sceptre de Henri IV; puis se retirer dans une île étroite, où la Fortune s'étonne de le voir survivre à tant de revers, et debout, comme une colonne mutilée d'un grand édifice renversé.

A la faible esquisse de cet homme extraordinaire, qui méconnaîtrait toutefois Napoléon-Buonaparte; Napoléon, dont la force politique et guerrière eût pu faire de si grandes choses; si, au lieu de se montrer le tyran des rois et l'oppresseur des peuples, il eût su ménager les intérêts des uns et gouverner les autres avec plus de justice, afin de les faire tous concourir au bien général de l'Europe, c'est-à-dire à la liberté maritime, et à cette paix solide qui, selon lui, était le but définitif de ses immenses projets? Ou il n'a pas bien connu le cœur humain, ou il a voulu trop tôt achever son ouvrage, en renversant les obstacles que lui opposait la politique.

Je ne saurais, Monsieur, terminer cette longue lettre, sans me demander si, en *optimiste*, je n'étais pas dupe de mes idées, lorsqu'à l'exemple d'un écrivain célèbre, je voyais dans Napoléon premier consul, « un de ces hommes que la Providence donne au monde *en signe de réconciliation.* » (PRÉFACE D'ATALA.) C'est bien possible, et un petit écrit sur la défense du général Moreau, dont je hasardai l'envoi (1), et qui me valut six mois de surveillance, me le persuade assez. Mais je ne pense pas aussi qu'en *pessimiste*, il soit rigoureusement juste de peindre le même homme, devenu empereur, sous les traits d'un vil despote, « dirigé par les *maximes de Néron*, armé, sans aucun but, *du glaive d'Attila.* » (DE BONAPARTE ET DES BOURBONS, p. 36.) Napoléon n'a-t-il réellement aspiré qu'à la monarchie universelle? C'est bien assez, pour l'en punir, de le faire descendre de la gloire qui lui était promise, et de le ranger auprès de Charles-Quint, etc. Au reste, quelle qu'ait été l'arrière-pensée de sa politique, c'est

(1) Cette défense manuscrite fut directement adressée à Napoléon lui-même. La police fut chargée de prendre des renseignemens sur l'auteur auprès de M. le préfet de la Gironde, etc. Qu'avais-je à craindre? Ces renseignemens devaient m'être favorables; ils le furent, et la surveillance inutile ne gêna point ma liberté. Seulement je fus exclus de toutes les places; c'était un petit malheur.

à l'histoire impartiale à la juger. Pour nous, Français, remercions le Ciel que sa chute ait rétabli, sur le trône de Henri IV, Louis-le-Désiré, dont la sagesse, les lumières et la fermeté raniment toutes nos espérances : félicitons-nous encore que la *force* brisée d'un guerrier redoutable ait fait sentir aux potentats effrayés de l'Europe le besoin de cette *raison sociale* qui devrait toujours maintenir l'équilibre de la balance politique. Les voilà tous rassemblés à Vienne, ces rois magnanimes : les peuples attendent, dans un respectueux silence, les oracles de ce fameux congrès, dont dépendent leurs futures destinées. Sans prétendre lever le voile qui couvre les secrets de leurs majestueuses décisions, la sage politique de Louis, l'âme généreuse d'Alexandre, et l'intérêt de l'Angleterre, tout fait présumer que ce congrès jettera les bases d'une paix durable et du bonheur social ; tout donne lieu de croire qu'il en sortira un code *du droit des gens*, fondé sur les principes naturels que l'abbé de Saint-Pierre et le philosophe allemand ont rappelés dans leurs écrits d'une manière si lumineuse. Que si, au contraire, contre notre attente, on ne discute dans ce congrès que les intérêts partiels des *maisons régnantes*, en négligeant les intérêts des peuples, on ne peut trop le répéter, la triple *force* des choses, des révolutions et des grands hommes qui s'y rencontrent, va tôt ou tard lutter de nouveau contre les prétentions des princes, jusqu'à ce que l'arbre du despotisme, dont l'ombrage étouffe la vie et la chaleur, soit enfin arraché de la terre européenne.

J'ai l'honneur, Monsieur, de vous saluer avec la considération la plus distinguée et la plus respectueuse.

CHARLES MULLOT (DE LA GIRONDE).

DE LA

MONARCHIE UNIVERSELLE.

PAR FEUERBACH.

Extrait d'un ouvrage allemand.

L'EMPEREUR de la Chine commande à un empire qui, y compris les Etats d'obéissance médiate, surpasse l'Europe en étendue et en population. Si, du côté du nord, Wedekind n'avait pas arrêté les progrès de Charlemagne par une résistance de trente ans, ce conquérant aurait trouvé le temps, du côté du midi, d'incorporer la presqu'île des Pyrénées à l'empire des Francs; et, en réunissant le diadême de l'orient à celui de l'occident, il ne lui serait resté rien à désirer en Europe. La tentative de monarchie universelle qui s'est faite sous nos yeux, a été conduite fort loin, et n'a échoué que tout près du terme : elle n'a manqué son but que de peu de chose. Sous des circonstances plus favorables encore, avec plus de modération ou avec plus de dissimulation de la part du conquérant, et avec moins de courage de la part des peuples dont la résolution vient de sauver l'indépendance de l'Europe, le projet d'asservissement aurait réussi peut-être. N'oublions pas l'heureux concours des calamités physiques qui sont tombées sur l'oppresseur, et traitons l'idée de monarchie universelle comme pouvant se réaliser.

Que la monarchie universelle renferme dans sa prison politique tout le monde habité, ou seulement le monde européen, la tentative de réaliser un pareil système sera toujours le plus grand forfait qu'on puisse commettre envers l'humanité, un forfait qui trouble l'ordre de la nature et révolte la raison.

Si les hauteurs et les montagnes du globe s'aplanissaient pour ne former qu'une surface unie, si les rivières et les fleuves roulaient dans des canaux réguliers ou à d'égales distances, si les différentes espèces de plantes se confondaient dans une seule et unique espèce moyenne, quelque parfaite qu'elle fût, le charme et la magnificence de la terre disparaîtraient, et le mouvement varié de la nature serait à jamais anéanti. D'éternelles lois, heureusement, s'opposent à cette uniformité sans vie. Des lois morales, mais analogues à celles de l'ordre physique, nous interdisent également de jeter dans le même moule politique l'habitant de l'Asie et l'Européen, de changer le Germain en Français, le Français en Anglais, l'Anglais en Hongrois. Chaque peuple doit conserver son individualité nationale; et la porter au plus haut degré de perfection.

L'intégrité politique des peuples, leur indépendance, leur liberté souveraine sont les conditions indispensables de la manière d'être individuelle de chaque société politique. Privé de son individualité, un peuple se trouve dans un état d'oppression dont il faut sortir par tous les moyens.

Pour que le conquérant se maintienne dans la possession de ses avantages, il faut qu'il s'emploie à lier, à marier, à fondre dans un ensemble intime ce que son pouvoir extérieur a forcément réuni. Les différences des mœurs, des coutumes, des lois, sont autant d'obstacles à l'uniformité du gouvernement et à la rapidité de la marche que le despotisme exige nécessairement. Ces inégalités, comment pourraient-elles être reconnues et respectées dans une monarchie universelle, où l'on ne reconnaît et ne respecte que la volonté toute-puissante du maître? Il est d'ailleurs dans la nature des choses, que des parties disparates mises en commun, se repoussent réciproquement; qu'elles tendent à se séparer, et qu'elles menacent de dissolution l'ensemble dans lequel on les a fait entrer : voilà pourquoi le *nivelisme* est de l'essence des conquêtes.

Imitateurs des Français depuis plus d'un siècle, nous étions préparés à devenir leurs esclaves; nous étions moralement incorporés à la France, avant que le droit de la guerre eût décidé de notre servitude politique. Par bonheur, nos voisins allèrent trop brusquement en besogne pour nous subjuguer totalement : en nous imposant les formes françaises, sans égard pour les localités, ils commirent une maladresse qui nous arracha de notre léthargie.

Il n'y a rien de si propice aux développemens de l'espèce humaine, que la mise en activité de la plus grande somme de forces morales. Plusieurs états séparés donnent ce résultat, bien mieux que leur fusion en un seul. Que le corps d'un colosse contienne la masse réunie de cent hommes, il n'en offre jamais les moyens; il ne constitue qu'un seul être, qu'une seule âme, qu'un système unique de pensées, qu'une seule volonté, qu'un seul fait, qu'une manière d'action uniforme. Conduisez toutes les rivières qui, arrosant des milliers de contrées, répandent la vie et la fécondité sur la terre; conduisez-les dans un seul lit gigantesque, le fleuve unique roulera ses flots puissamment et avec magnificence : là où il touchera aux rivages, il fertilisera les terres adjacentes. Une population nombreuse, accumulée sur ses bords par l'industrie et le commerce, y étalera d'immenses richesses; mais le reste du globe, voué à la stérilité, sera abandonné, et deviendra un effrayant désert. La grandeur romaine, tant vantée, se bornait à sa capitale; le reste du monde civilisé déclina en proportion des accroissemens de l'empire, et tomba définitivement dans une profonde nullité. Comment l'espèce humaine pourrait-elle faire valoir l'inépuisable trésor de ses facultés, s'il n'y avait sur la terre qu'un seul être en droit de vouloir et d'agir! Le monarque de l'univers tiendrait le monde enchaîné au pied de son trône, penserait et déciderait, tandis que le reste du genre humain, dans une attitude passive et servile, ne ferait qu'obéir aux mouvemens du maître!

Le peuple dominateur lui-même devient victime des forfaits commis envers les autres; il est puni d'abord par une sorte de stagnation dans ses moyens, et puis par le déclin inévitable de tout ce qu'il y avait chez lui de grand, de beau, de bon.

Dans un état de grandeur moyenne, le pouvoir du prince est toujours contenu par la crainte de l'opinion publique ; sa puissance ne s'étend que jusqu'aux limites de sa domination, qui sont les rivages où se brisent les flots de sa colère. Sur ces rivages habite la jalousie des autres états, qui sait profiter des fautes du despote ; et comme, malgré la plus extrême vigilance, il lui est impossible d'intercepter toute communication, ses victimes s'échappent, et ses injustices sont révélées. C'est déjà un très-grand avantage, que le forfait, pour n'être pas trop révoltant, soit obligé de se masquer de quelques motifs spécieux : celui qui le commet sous les formes du droit, reconnaît au moins l'existence d'une autorité supérieure. Un semblable gouvernement sera tyrannique, violent et injuste ; il n'est pas despotique, puisque l'idée de la justice, quoique enchaînée, s'y fait encore sentir : le despotisme ne devient complet que lorsque le pouvoir se change en droit, et que la violence n'a plus besoin de prétexte. C'est alors que l'Euménide de la terreur, placée devant le trône, dit aux peuples : Voici le maître du sort ; baissez vos regards et soumettez-vous à vos destinées. Un pareil état de choses ne peut avoir lieu que dans une société qui n'a plus de voisins, qui est isolée par la mer, comme le Japon ; ou par des montagnes et des déserts, comme les autres grands empires de l'Asie. L'idée du pouvoir s'est tellement confondue chez les Perses avec l'idée du droit, que quand un particulier porte plainte contre un autre pour cause de vol, de brigandage, de violence, le style du barreau lui prescrit la formule suivante : Mon adversaire a agi envers moi en empereur.

De même que la monarchie universelle est l'empire de la dépravation morale et de l'abâtardissement des facultés de tout genre, elle est l'empire des morts pour les lumières. Des peuples barbares passant sous le joug d'un conquérant, celui-ci s'appliquera, s'il est plus civilisé que ces peuples, à leur distribuer quelques connaissances; car, l'homme absolument brut n'est pas même propre à être esclave. Charlemagne n'avait pas besoin d'être bien supérieur à son siècle pour protéger les lettres et la civilisation. Les églises et les écoles lui étaient nécessaires pour *mâter* le génie revêche de ses barbares. C'est ainsi que le féroce *Djengis-Chan* eut à ses côtés, et pour premier ministre, le savant *Ili-Tschu-Tsai*. Tandis que l'un, parcourant le monde en exterminateur, foulait aux pieds les peuples que son épée pouvait atteindre, l'autre était l'ange tutélaire de l'humanité. Il institua des écoles pour l'histoire, la géographie, l'astronomie, les mathématiques; il fit venir des savans d'Igur, de la Perse et de l'Arabie, et ne négligea rien pour civiliser les Mongoles.

Mais les lumières ne conviennent aux despotes que jusqu'à un certain degré. Du moment que la civilisation y est arrivée, ils s'appliquent à la rendre stationnaire. Voilà pourquoi la monarchie universelle, s'établissant chez des peuples déjà instruits; est le plus grand fléau qui puisse les accabler. Alors elle étouffe toutes les lumières qui ne conviennent pas auxvues du despote, afin que son trône se maintienne dans un certain clair-obscur. On ne protége que la discipline extérieure; on dresse l'homme pour les emplois nécessaires à l'exécution de sa volonté souveraine.

L'action générale d'un semblable empire n'est qu'un simple mécanisme dont une seule manivelle fait jouer tous les ressorts. Pour que la machine marche bien, il est indispensable que ses membres vivans n'opèrent ni comme intelligence, ni comme sentiment, mais comme peignes, roues et cylindres. Dans une prison même on a besoin de lumière, car il faut voir pour travailler; mais le conseil que donne l'auteur rustique, Marcus Varron, pour élever les oiseaux de basse-cour, est applicable aux sujets de la monarchie universelle.

Afin que les oiseaux mangent avec appétit et qu'ils s'engraissent, dit-il, on laisse entrer le jour dans la volière; cependant il faut bien se garder d'en introduire trop, surtout du côté par où les prisonniers pourraient voir des oiseaux en liberté : car, dit Varron, le désir de la liberté leur viendrait et les ferait maigrir.

En conséquence de ces maximes, nous l'avons vu, nous l'avons entendu, on a séparé en France les sciences pratiques de celles qui furent regardées comme inutiles ou comme dangereuses. Les premières seules, jugées dignes d'éloges et d'estime, furent encouragées et protégées; les autres, dépouillées de tout appui, se virent décriées, rendues suspectes de révolte, ou flétries de noms qui devaient les rendre ridicules. Les connaissances qu'on protégeait de préférence étaient celles qui, étant d'un emploi immédiat, marchaient au but du conquérant. Il affectionnait les mathématiques, pour construire des forteresses et pointer le canon; la chimie, pour fabriquer de la poudre à canon, pour tanner le cuir et pour d'autres procédés indispensables au services des armées; la statistique, pour lui faciliter la conscription et les impôts, la théologie, pour enseigner l'obéissance implicite envers sa dynastie; l'histoire, pour démontrer par la marche des événemens du monde, que l'espèce humaine est destinée à servir, et qu'elle ne peut trouver de salut que sous les ailes d'un despote; quelques branches de littérature enfin, pour célébrer les exploits d'un très-gracieux maître.

D'après les mêmes principes, et pour rendre l'Europe successivement semblable à la Chine, tous les trésors intellectuels, accumulés dans un meilleur temps, furent mis, autant que possible, sous le séquestre du gouvernement. Les idées ne pouvaient plus circuler qu'après avoir été revues, corrigées ou falsifiées par l'autorité publique. L'ombrageux soupçon surveilla toutes les routes de l'esprit humain; des censeurs, des douaniers, des espions littéraires occupaient tous les points de communication pour intercepter la lumière. Le gouvernement s'était emparé des organes de l'enseignement et des moyens de l'instruction, pour ne les employer que comme des outils propres à satisfaire ses vues et ses besoins : la preuve de ce que nous avançons se trouve dans l'établissement de cette Université unique, ennemie de toute idée libérale; dans les discours du Grand-Maître de cette Université, dans les ordonnances sur l'imprimerie, et dans celles sur le commerce de la librairie.

Déjà non seulement en France, mais sur

presque tout le continent, l'existence scientifique et littéraire était en butte à l'action d'une police insolente, perfide et sanguinaire; tout savoir d'un ordre relevé encourait le mépris, et les idées qui se rapportaient à la chose publique étaient traitées comme des délits. Malheur à l'écrivain qui laissait entrevoir ses sentimens, ou qui exhalait sa douleur! Le cachot ou la fusillade étouffaient la voix plaintive des opprimés. Il suffit de rappeler la mort de Palm, les lettres de cachet lancées contre Villers et Zimmerman, et la captivité de Becker.

DE
L'INDIVIDUALITÉ
NATIONALE.

PAR M. LUDEN.

La plùs grande communauté qui puisse exister parmi les hommes, est celle de l'état et du peuple. Tout rapport qui paraît dépasser les limites de l'un ou de l'autre, comme les relations littéraires et religieuses, leur reste cependant subordonné, puisque ceux qui contractent ces relations ne peuvent pourtant pas cesser d'être membres d'un état ou d'un peuple. Le peuple et l'état sont les anneaux sacrés qui embrassent toute l'activité humaine.

Lorsqu'il arrive qu'un peuple se trouve partagé entre différens états, ou qu'un état enveloppe plusieurs peuples, ou que quelque portion d'un peuple est incorporée dans la masse d'un autre peuple, les parties homogènes aspirent toujours à se réunir et à se détacher de ce qui leur est étranger.

De tout temps et dans tous les pays, on a regardé comme le plus grand des malheurs qu'un peuple libre, c'est-à-dire des hommes alliés par l'esprit, la langue, les habitudes, et vivant sous leurs propres lois, unis ou partagés en différens états, fussent subjugués par un conquérant et jetés dans la masse d'une autre nation. Il est vrai que des peuples entiers ont passé sous un joug étranger; mais ce fait n'a eu lieu que lorsqu'un peuple, divisé en plusieurs états ou en factions, anéantissait lui-même sa force de résistance, ou que, infidèle aux mœurs de ses pères, il allait au-devant du joug par son engouement pour l'étranger. Les plus violentes entreprises, au contraire, ont échoué chaque fois qu'un peuple, ou seulement une portion considérable de ce peuple, s'est montrée animée d'un même esprit, d'une même résolution. Les Saxons ne furent réunis à l'empire de Charlemagne qu'après une opposition de trente ans; mais les Saxons n'étaient pas un peuple étranger aux Francs. Il ne s'agissait pas de la défense de leur individualité, ils ne faisaient pas cause commune : ils se composaient de différentes unions; ils ne savaient ce que c'était que l'unité d'état et de peuple.

Les plus anciens conquérans tenaient pour maxime, de transplanter, en totalité ou en partie, les peuples vaincus. Pour s'assurer de leur obéissance, on les morcelait ou on les arrachait à leurs anciens rapports : lorsqu'on les laissait dans leurs demeures, ils étaient toujours portés à la révolte.

Par les rapports de la mer à la terre, par la direction des montagnes et par le cours des rivières, le monde habité est partagé en sections qui, les unes relativement aux autres, forment des ensembles particuliers. Quelquefois la ligne de séparation est distinctement tracée, comme celle de la Grande Bretagne, celle de la presqu'île des Pyrénées et celle de l'Italie ; ou, moins distinctement, comme celle qui divise la France et l'Allemagne. En faisant abstraction des hommes qui habitent ces deux pays, on conviendra que, sous le point de vue géographique, ils ne présentent pas chacun un tout fini, comme l'Italie et la presqu'île des Pyrénées.

Les habitans des contrées dont la situation géographique manque de précision et d'ensemble, peuvent bien, pendant quelque temps, lorsqu'ils appartiennent à la même langue, vivre en paix l'un à côté de l'autre ; mais il arrive toujours une époque où ils s'entre-choquent. Cette lutte d'un peuple partagé en différens états, ne finit que de deux manières : ou le peuple est fondu dans une seule masse politique, comme la France ; ou, épuisé par la guerre intestine, il devient la proie d'un étranger. Lorsque nous voyons dans un pays limité par la nature, comme l'Italie, des hommes de différens peuples, y être transportés par les révolutions, ils se rapprochent insensiblement et deviennent un même peuple.

Ainsi la séparation des peuples peut provenir de deux causes ; ou de leur individualité originaire, ou du site.

Les états tendent naturellement, et de droit, à l'équilibre des forces. Les guerres qu'un état entreprend pour obtenir ou pour maintenir cet équilibre, sont des guerres justes, nécessaires, sacrées. Un état ne peut s'y refuser, sans se rendre coupable de lâcheté. Mais toutes les guerres entreprises pour anéantir l'indépendance des autres peuples, sont des guerres sacriléges.

L'équilibre des forces ne peut être obtenu et conservé, que par une répulsion réciproque, ou par une attention continuelle portée sur le vouloir et sur les actes du voisin. De leur méfiance résulte une attitude hostile entre les états. Le patriotisme d'un pays est une disposition ennemie envers l'autre, et cette disposition pour chacun est le plus excellent correctif de la paresse et de l'oubli des droits.

Cependant les citoyens des autres états font partie de l'humanité, et, hors les rapports politiques, ils nous sont alliés aussi bien que nos compatriotes.

Comme il ne s'agit pas d'un équilibre momentané, mais d'une existence durable, il est nécessaire qu'un état embrasse autant d'hommes et autant d'étendue qu'il en faut pour que chaque citoyen obtienne, de la totalité des droits, la portion qui est indispensable au développement de son existence.

Par conséquent, les limites d'un état ne peuvent pas être le résultat du hasard ou d'un caprice.

Mais si l'on pouvait déterminer le nombre d'hommes nécessaires au développement de leur activité réciproque; si, ce qui est également impossible, on pouvait déterminer la masse des objets qui doivent concourir à ce développement, la nature et la qualité des hommes et des choses seraient encore à considérer. Chaque homme a ses traits à lui, tous les hommes ne conviennent pas au développement de l'individualité particulière d'un autre. Il s'agit donc de trouver non seulement le nombre et la grandeur, mais encore le nombre et la grandeur convenables.

Il faut les chercher dans le même peuple. Un peuple est une multitude d'hommes, vivant ensemble, et qui, par la communauté des traits nationaux, compose un tout. La forme particulière sous laquelle, dans un peuple, se manifeste le caractère humain, et qui correspond au *moi* de l'individu, s'appelle l'individualité nationale.

Il ne peut pas y avoir, en politique, de problême supérieur à celui d'obtenir une patrie dans l'état, à l'aide de l'individualité nationale, et, après l'avoir obtenue, de la conserver inébranlable.

Lorsqu'un état embrasse tout un peuple, et que ses limites politiques sont les mêmes que ses limites nationales, rien ne lui reste à désirer.

Lorsqu'au contraire, les membres d'un peuple sont arrachés à notre association politique, et incorporés dans un autre état, le sentiment nous dit ce qu'il y a à faire; il demande l'affranchissement de nos frères, il faut briser le joug de leur servitude. Le problême le plus sacré des états est de ramener dans le sein de la patrie les membres dispersés de la famille.

Quant aux limites, il est à remarquer que les

Grecs étaient de l'avis que la Grèce était partout où il demeurait des Grecs. D'après eux, Syracuse faisait partie de la Grèce tout aussi bien qu'Athènes et Thèbes.

Nous sommes de l'avis, que la limite nationale est là où résident les derniers membres d'un peuple; mais comme les montagnes et les mers qui renferment les pays en font des ensembles géographiques, il est nécessaire de modifier le principe et de donner à l'état, autant que possible, des limites fixes, quoique les membres d'un peuple étranger s'y trouvent enclavés.

C'est un malheur pour l'individualité de l'état, que de s'assimiler une portion de peuple qui lui est originairement étrangère; mais nous éprouverions un autre inconvénient plus grave, si la réunion ne s'effectuait pas.

Lorsque les frontières naturelles ne sont pas bien marquées, il faut fixer la frontière de l'état là où est la limite du peuple. En dépassant ces limites, on gagnerait du côté de la population et des revenus, mais cet avantage ne balancerait pas le dommage qui en résulterait pour la patrie.

Si les Français habitaient au-delà des Pyrénées et jusqu'à l'Ebre, ou des Espagnols en deçà des Pyrénées jusqu'à la Garonne, ou des Anglais en Bretagne, ou des Danois et des Saxons en Angleterre, ou des Français au-delà des Alpes jusqu'au Pô, ou des Italiens jusqu'au Rhône, il est du devoir des états d'Espagne, de France, d'Angleterre, d'Italie, d'étendre leurs frontières jusqu'à la mer, les Pyrénées, et les Alpes.

Mais s'il est bon, pour assurer l'indépendance des peuples, que tantôt des montagnes, tantôt des mers les défendent, il est convenable aussi que, par-ci, par-là, il n'y ait entre eux d'autre limite que la crainte et l'estime réciproques.

FIN.

A. EGRON, IMPRIMEUR
DE S. A. R. MONSEIGNEUR LE DUC D'ANGOULÊME,
rue des Noyers, n°. 37.

www.ingramcontent.com/pod-product-compliance
Ingram Content Group UK Ltd.
Pitfield, Milton Keynes, MK11 3LW, UK
UKHW021227230726
13926UKWH00003B/1287

9 782014 074123